VENTE DU LUNDI 18 MAI 1885

HOTEL DROUOT, SALLE N° 3

TABLEAUX

ANCIENS

DE DIVERSES ÉCOLES

EXPOSITION PUBLIQUE

Le Dimanche 17 Mai 1885

DE I HEURE A 5 HEURES

COMMISSAIRE-PRISEUR	EXPERT
Mᵉ DELESTRE	**M. B. LASQUIN**
27, rue Drouot, 27.	12, rue Laffitte, 12.

Chez lesquels se distribue le présent Catalogue.

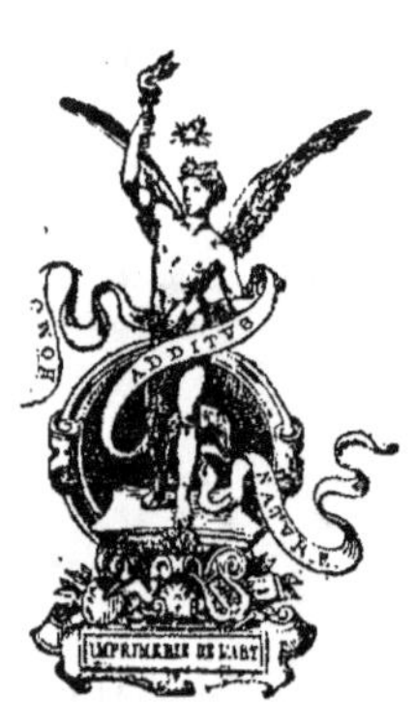
HONO
ADDITVS
NATVRÆ
IMPRIMERIE DE L'ART

CATALOGUE

DE

TABLEAUX ANCIENS

DE DIVERSES ÉCOLES

Grand plafond représentant les Dieux de l'Olympe

Par PAUL VÉRONÈSE

Importante composition par J. B. MARTIN

DONT LA VENTE AURA LIEU

HOTEL DROUOT, SALLE N° 3

Le Lundi 18 Mai 1885

A 2 HEURES

M° DELESTRE	**M. B. LASQUIN**
COMMISSAIRE-PRISEUR	EXPERT
27, rue Drouot, 27	12, rue Laffitte, 12

EXPOSITION PUBLIQUE : Le Dimanche 17 Mai 1885

DE 1 HEURE A 5 HEURES

CONDITIONS DE LA VENTE

Elle sera faite au comptant.

Les acquéreurs payeront *cinq pour cent* en plus
des prix d'adjudication.

Paris. — Imprimerie de l'Art. E. Ménard et J. Augry,
41, rue de la Victoire.

DÉSIGNATION

TABLEAUX

BOILLY

(Attribué à)

1 — *Femme lisant une lettre.*

BOUCHER

(Attribué à)

2 — *La Mort d'Adonis.*

Trois nymphes soulèvent le corps du malheu-
reux berger, étendu au pied d'un saule.

Esquisse.

BOUCHER

(Attribué à)

3 — *La Bergère endormie.*

Cadre à guirlandes en bois sculpté.

BOUCHER

(Genre de)

4 — *Bacchante.*

CANALETTI

5 — *La Place Saint-Marc, à Venise.*

La vue est prise de la basilique ; à gauche, le Campanile et la Loggetta.

DE MARNE

6 — *Le Goûter sur l'herbe, après la fenaison.*

Composition de douze figures.

DE MARNE

7 -- *Le Passage du gué.*

>Composition dans le goût de Berghem.

DUBBELS

8 — *Navires sur une mer houleuse ; ciel gris nuageux.*

ÉCOLE FRANÇAISE

9 — *Portrait de femme assise dans un paysage et tenant un cahier de musique.*

ÉCOLE FRANÇAISE

10 — *Amphitrite.*

ÉCOLE ITALIENNE

11 — *L'Adoration des Rois Mages.*

ÉCOLE VÉNITIENNE

12 — *Diane et Endymion.*

FERG

(PAUL)

13 — *Cavalier et villageois près d'une fontaine.*

Deux pendants.

GORP

(VAN)

14 — *La Visite.*

GUARDI

(Attribué à)

15 — *La Fête du Bucentaure.*

HEEM

(DAVID DE)

16 — *La Desserte.*

Hanap de vermeil, gobelets et plats d'argent, pain, jambon, noisettes et couteaux sur une table.

HEMESSEN

(Attribué à)

17 — *Sainte Famille.*

INCONNU

(xvi° siècle)

18 — *Le Jugement dernier.*

Curieuse peinture sur panneau et rehaussée de dorure, de l'école flamande.

JORDAENS

19 — *Jupiter et Vénus.*

LOO
(VAN)

20 — *Le Sommeil de Vénus.*

MARTIN
(J. B.)

21 — *Inauguration et bénédiction du port de Mardick.*

La foule des curieux, maintenue par des gardes à pied et à cheval, se presse aux abords de l'écluse. De nombreux groupes de seigneurs, bourgeois, artisans et marchands forains, animent les premiers plans.

Au fond, les dunes, les criques, la mer, le port de Dunkerque et plusieurs forts.

En bas, à gauche, le tableau porte la légende suivante : « Canal et escluse de Mardik proposés et commandés sous le règne de Louis le Grand, par Claude Le Blanc, intendant de la Flandre maritime et depuis secrétaire de la guerre, qui commença ce grand travail en may 1714 et le mit à fin et perfection le 20 février 1715. »

Toile. Haut., 2 m. 3o cent.; larg., 3 m. 85 cent.

MAYER

(Mlle)

22 — *Jeune femme en buste.*

MONSIAU

23 — Quatre panneaux décoratifs : *la Musique,
la Poésie, la Peinture et la Sagesse.*

OMMEGANCK

(B. P. 1776.)

24 — *Bestiaux au pâturage.*

OSTADE

(Genre d')

25 — *Intérieur villageois.*

PAGNEST

26 — *Esquisse du portrait de M. de Nanteuil.*

PERNET

27 — Deux petits tableaux d'architecture animés de figures.

> Signés.

POURBUS
(École de)

28 — *Portrait d'un gentilhomme.*

> En buste, revêtu d'une riche cuirasse.

29 — *Portrait de femme.*

> En buste, costume richement orné de broderies et de perles.

POURBUS
(Genre de)

30 — *Portrait d'homme à collerette.*

RICCI
(MARCO)

31 — *Paysage historique.*

Sur une colline plantée d'arbres s'élèvent un château avec grosses tours, et quelques maisons. Dans le bas, au bord d'une rivière, de grands arbres à l'ombre desquels un groupe de figures.

RICCI

32 — *Le Triomphe de Mardochée.*

Deux pendants.

SCHAL
(Attribué à)

33 — *Le Lever.*

TIEPOLO
(Attribué à D.)

34 — *Le Débarquement de Cléopâtre.*

VÉRONÈSE
(PAUL)

35 — Grand plafond représentant les dieux de l'Olympe.

Jupiter, Apollon, Mars, Diane, Vénus et Mercure sont entourés de génies qui tiennent leurs attributs. Ridolfi, dans les *Merveilles de l'Art, ou la Vie des peintres illustres à Venise,* donne, page 3o8, la description de ce plafond, qui se trouvait alors à Murano, dans le palais de Camille Trevisano.

Dimensions : 6 mètres sur 2 m. 75 cent.

WATTEAU

36 — Singe sur des ornements de feuillage.

Fragment de motif de décoration.
Il porte une outre et présente un verre.
Cadre en bois sculpté.

BOUCHER
(École de)

37 — Quatre panneaux décoratifs : Groupes d'Amours.

www.ingramcontent.com/pod-product-compliance
Lightning Source LLC
LaVergne TN
LVHW021621170726
843501LV00010B/4085